Quem foi? Leonardo da Vinci

Copyright © 2005 do texto: Roberta Edwards
Copyright © 2009 das ilustrações: Pietro Antognioni (Conexão Editorial)
Copyright © 2009 da edição brasileira: Editora DCL – Difusão Cultural do Livro

Publicado em primeira edição no Estados Unidos
da América sob o título *Who was Leonardo da Vinci?*
por um acordo com GROSSET & DUNLAP, uma divisão do grupo
Penguin Young Readers, membro do grupo Penguin (EUA).
Todos os direitos reservados.

DIRETOR EDITORIAL:	Raul Maia Jr.
EDITORA EXECUTIVA:	Otacília de Freitas
EDITORA:	Daniela Padilha
COORDENAÇÃO EDITORIAL:	Lemos Editorial
ASSISTENTE EDITORIAL:	Áine Menassi
PREPARAÇÃO DE TEXTO:	Viviane Campos
REVISÃO DE PROVAS:	Danilo Cuyumjian
	Patrícia Vilar
ILUSTRAÇÕES:	Pietro Antognioni (Conexão Editorial)
CAPA E PROJETO GRÁFICO:	Luis Lorenzon
DIAGRAMAÇÃO E ARTE-FINAL:	Coord. Kleber de Messas, Josie Nakano,
	Renato de Araújo (Conexão Editorial)

**Texto em conformidade com as novas regras
ortográficas do Acordo da Língua Portuguesa.**

Dados Internacionais de Catalogação na Publicação (CIP)
(Câmara Brasileira do Livro, SP, Brasil)

Edwards, Roberta
  Quem foi Leonardo da Vinci? / de Roberta Edwards;
ilustrado por Pietro Antognioni; traduzido por Claudio Blanc.
– São Paulo : DCL, 2009.

Título original: Who was Leonardo da Vinci?
Bibliografia.
ISBN 978-85-368-0318-0

  1. Leonardo, da Vinci, 1452-1519 - Literatura infantojuvenil
2. Pintores - Itália - Biografia - Literatura infantojuvenil I. Antognioni,
Pietro. II. Título.

09-05432   CDD-028.5

Índices para catálogo sistemático:

1. Pintores : Biografia: Literatura infantojuvenil 028.5

2. Pintores : Biografia: Literatura juvenil 028.5

1ª edição

Editora DCL
Av. Marquês de São Vicente, 1619 – 26º andar – CJ. 2612 – Barra Funda
CEP 01139-003 – São Paulo – SP
Tel.: (11) 3932-5222
www.editoradcl.com.br

Leonardo
da Vinci

Roberta Edwards

Ilustrações: Pietro Antognioni

Tradução: Claudio Blanc

**DIFUSÃO
CULTURAL
DO LIVRO**

"Que o teu trabalho seja perfeito para que, mesmo depois da tua morte, ele permaneça."
[Leonardo da Vinci]

Sumário

Quem foi Leonardo da Vinci? — 6

Um garoto que ninguém queria — 9

O estúdio de arte — 14

O mundo maior — 22

Em Milão — 29

Perambulando — 40

A batalha dos artistas — 50

As mulheres de Leonardo — 58

Perdas — 63

Cronologia:
A vida de Leonardo Da Vinci — 67

Cronologia:
O mundo de Leonardo Da Vinci — 69

Bibliografia sugerida para esta edição — 72

Quem foi Leonardo da Vinci?

Existem pessoas talentosas... e existe Leonardo da Vinci!

Ele viveu em uma época de artistas extraordinários, mesmo assim, conseguiu grande destaque.

Da Vinci desenhava e pintava melhor do que qualquer outro artista. Um de seus quadros, a *Mona Lisa*, é a pintura mais famosa do mundo. Leonardo foi um cientista que queria desvendar os segredos da natureza. Era também engenheiro e inventor. Projetou uma bicicleta que, se tivesse sido construída, teria funcionado e, veja só, fez isso trezentos anos antes de a primeira bicicleta ter sido fabricada!

Da Vinci foi excelente atleta e ótimo músico. Além disso, era bonito (embora não existam pinturas conhecidas de sua fisionomia, sua boa aparência é sempre mencionada em relatos de seus contemporâneos).

"Quero fazer milagres", afirmou certa vez. Mas muitas vezes fracassou. Além de ser atraente, Leonardo era também desconfiado de quase todo mundo. Solitário, não tinha família e durante 16 anos não teve nem mesmo casa.

Para si próprio, Leonardo foi uma decepção. Nunca atingiu as metas que definiu para si mesmo, deixando suas maiores obras inacabadas. No entanto, o que realizou em 67 anos ainda é considerado padrão de excelência. É difícil imaginar alguém capaz de fazer melhor do que ele.

Quem foi Leonardo da Vinci?

Você vai descobrir agora.

Capítulo 1

Um garoto que ninguém queria

Em 15 de abril de 1452, em uma minúscula aldeia montanhosa da Itália, nasceu um menino. Seu pai era um negociante bem-sucedido, *Ser* Piero (algo como Sr. Piero. Sua mãe, Caterina, era uma pobre camponesa — sequer sabemos o sobrenome dela. O bebê foi chamado de Leonardo. Como a aldeia onde ele nasceu se chamava Vinci, ele ficou conhecido como Leonardo da Vinci ou, melhor, Leonardo de Vinci.

Os pais de Leonardo não eram casados. *Ser* Piero ficou com vergonha do bebê e o deixou com a mãe. Ele logo se casou com outra mulher, alguém mais "respeitável" na sociedade, e formou uma nova família. Mudou-se para ali perto, para a movimentada cidade de Florença. Caterina também não queria ficar com o filho e cuidou dele por apenas um ou dois anos.

Depois, também se casou com outro homem e formou uma nova família.

E agora? O que seria do pequeno Leonardo?

Ser Piero pensou em deixar o bebê com seus pais, mas eles já eram velhos demais para criar uma outra criança – o pai de *Ser* Piero tinha oitenta e cinco anos de idade. Mesmo assim, acolheram-no. Eles o alimentaram, deram-lhe roupas e um lar. Mas pouca coisa além disso. Ninguém amava o menininho. A única pessoa que mostrava algum interesse por ele era um tio chamado Francesco.

O tio era fazendeiro e adorava os campos ao redor da aldeia Vinci. Costumava fazer longas caminhadas pelas colinas, cobertas de oliveiras, inclusive na companhia do sobrinho.

Foi nessas caminhadas que o pequeno Leonardo aprendeu a amar a natureza: as formas ondulantes das colinas, as folhas prateadas das oliveiras, o voo dos pássaros e a suave luz do sol atravessando a neblina.

A todos os lugares que ia, Leonardo levava um caderninho. Desenhava tudo o que lhe interessava. Uma planta. Patos em um riacho. Flores. Um inseto. Algumas vacas. Nessa época, o papel era muito caro, mas Leonardo tinha sorte. Por causa do negócio, seu pai, tinha sempre papel à mão. Essa foi uma das coisas mais importantes que *Ser* Piero deu ao filho.

Desde pequeno, Leonardo tinha um talento incrível para o desenho, que parecia fluir de seus dedos para o papel. Os coelhos e pássaros que desenhava não eram meras ilutrações. Pareciam estar *vivos*.

Leonardo compreendia a beleza da natureza, mas também conhecia seus perigos. Quando tinha somente quatro anos, assistiu a um terrível furacão. Fazendas inteiras foram destruídas, e muitas pessoas morreram. Aos dez anos, viu o rio Arno inundar Florença; observou a tempestade e a enchente. Nunca se esqueceu e, durante toda a vida, desenhou águas em movimento.

A água é a fonte de vida de animais e plantas, mas também é fonte de destruição. Leonardo queria entender os dois lados dessa força para que pudesse controlar seu poder.

Pergaminho e papel

O pergaminho era feito da pele de animais como carneiros, bezerros ou cabras. A pele seca era tratada até ficar plana e parecida com o papel. Muito mais resistente do que o papel, o pergaminho também era muito mais caro. Os belos livros de oração e as bíblias copiadas à mão na Idade Média eram feitos com pergaminhos. Hoje, raramente se usa esse material.

O papel foi fabricado pela primeira vez na China, há quase dois mil anos, com cascas de amoreira. (Hoje, os melhores papéis são feitos com trapos de pano.) Os chineses encharcavam as cascas e as trituravam até desfazê-las em fibras ou em fios. Em seguida, essas fibras eram esmagadas até formar uma substância pastosa, transferida então para uma peneira, usada como molde. Aí, era só esperar secar para ter uma folha de papel. Na Europa, o papel foi introduzido pelos mouros do norte da África, e a primeira fábrica de papel foi construída na Espanha por volta de 1150.

O pai de Leonardo parecia estar ciente do talento do filho para o desenho. E isso não era tarefa difícil, bastava observar um de seus desenhos. *Ser* Piero era um homem prático e realista. Sabia que Leonardo não tinha muitas escolhas na vida. Como *Ser* Piero não havia se casado com Caterina, Leonardo não poderia ir para a universidade. Não poderia ser advogado, médico, ou homem de negócios como o pai; mas poderia trabalhar em um dos estúdios de arte de Florença. Afinal, a profissão de artista também era valorizada. Assim, *Ser* Piero resolveu levar Leonardo para a cidade. Lá, ele tomou providências para que o menino fosse viver e trabalhar com um artista famoso. Seu nome era Andrea del Verrocchio. Essa foi, sem dúvida, a melhor coisa que *Ser* Piero fez pelo filho, pois mudaria a vida de Leonardo para sempre.

Capítulo 2

O estúdio de arte

No século XV, Florença era a cidade mais importante e empolgante do mundo. Naquela época, na região onde hoje é a Itália, havia cinco cidades-Estado, e Florença era uma delas. As cidades-Estado tinham seu próprio governo, cuja sede em Florença se chamava Signoria. Mas durante muitos anos, a cidade foi governada, de fato, por uma família muito rica e poderosa – os Médici.

Os homens da família Médici eram amantes da arte. Construíram belas casas, igrejas e bibliotecas em Florença e queriam embelezá-las com obras de arte. Andrea del Verrocchio – mestre de Leonardo – era um dos artistas mais requisitados de Florença naquele tempo.

Leonardo era um aprendiz. Tinha 12 anos quando foi para o estúdio de Verrocchio. Todos os aprendizes eram meninos, pois as meninas não podiam ser admitidas. Os aprendizes não eram remunerados como artistas, mas tinham direito a quarto e comida de graça, além de uma pequena mesada. No estúdio, aprendiam a ser artistas. No primeiro ano, tinham aulas de desenho. Depois de mais ou menos sete ou oito anos, já sabiam pintar quadros, criar afrescos (pinturas feitas diretamente na parede), esculpir estátuas em mármore ou bronze, cerâmica, objetos de prata e ouro e até mesmo projetar edifícios.

Os aprendizes começavam "de baixo" e iam trabalhando para "subir". Varriam o estúdio, assessoravam os artistas mais velhos e limpavam o lugar no final do dia. Não existiam lojas de material de pintura, então, Leonardo e os outros meninos aprendiam a fazer pincéis e tintas. Para os pincéis, usavam pelos de animais amarrados em cabos de madeira. Cerdas de porco, por exemplo, eram usadas nos pincéis duros. Para os macios eram usados, os pelos de esquilo. Os artistas pintavam com um tipo de tinta chamada de têmpera à base de ovos e não de óleo. (As pinturas a óleo começaram a ser feitas nos Países Baixos. Na Itália, os artistas só passaram a usar tinta a óleo em 1470.)

Leonardo tinha 12 anos quando foi para o estúdio de Verrocchio.

Leonardo também aprendeu a produzir as cores. Para obter o azul, uma pedra chamada lápis-lazúli era moída até virar pó. Para conseguir o vermelho, esmagavam-se pequenos besouros. O amarelo vinha do suco de um tipo de fruto silvestre.

Subindo a escada

O estúdio de Verrocchio era típico da época. Os aprendizes estavam no primeiro degrau da escada. Acima deles, havia trabalhadores chamados artífices, que tinham muitos anos de experiência e ajudavam a ensinar os aprendizes. Eram muito capazes, mas ainda não bons o bastante para serem admitidos na guilda dos pintores. Como verdadeiros sindicatos, a guilda era um grupo que protegia os interesses de seus membros. Havia guildas para diversas profissões, como a dos trabalhadores do couro (curtumeiro, sapateiro), boticários (os antigos farmacêuticos) e tecelões. Os melhores assistentes de Verrocchio já eram membros da guilda dos artistas e chamados de mestres. No topo do estúdio, estava Verrocchio: o mestre dos mestres.

Naquela época, não havia telas. Os artistas pintavam em painéis de madeira. Mas primeiro a madeira tinha de ser preparada. A fervura impedia que ela rachasse ou lascasse mais tarde. Então, espalhava-se cola e, em seguida, cobria-se o painel com gesso fino. Isso tornava a superfície lisa, ideal para a pintura. Todas essas tarefas, claro, eram executadas pelos aprendizes.

Todos no estúdio de Verrocchio estavam sempre muito ocupados.

O mestre e seus assistentes trabalhavam em muitos projetos diferentes ao mesmo tempo. Não recusavam encomendas. Como chefe do estúdio, Verrocchio administrava o negócio e fazia os contratos. No contrato estava dito exatamente o que era o trabalho (por exemplo, uma estátua de um soldado a cavalo), quanto tempo levaria para finalizá-lo, quanto custaria e quais materiais seriam usados. (O mármore era mais caro do que a madeira. As chamadas "folhas de ouro" – compostas de filetes do metal – aumentavam o custo.) Somente Verrocchio, o mestre, assinava as obras.

Logo no início, Verrocchio percebeu que Leonardo tinha um talento especial, algo natural no menino. Por isso, assim que Leonardo aprendeu o básico da profissão, teve permissão para fazer trabalhos mais importantes.

Os clientes – ou patronos, como eram chamados – costumavam doar pinturas religiosas a importantes igrejas de Florença. Os personagens variavam: Maria, José e o menino Jesus na manjedoura, os reis magos e os pastores. Às vezes, o patrono determinava que ele e a mulher também fossem retratados na cena, ajoelhados e rezando, por exemplo, e quase sempre apareciam menores que os santos.

Temas das pinturas

Na época de Leonardo, os clientes encomendavam dois tipos de pintura: retratos de si mesmos e de parentes ou pinturas religiosas sobre a vida de Jesus e dos santos. Não havia pinturas de paisagens, em que um cenário natural – uma serra ou a vista de um lago – fosse o tema. Nem naturezas-mortas (gênero de pintura em que se representam seres inanimados). Quase sempre, essas coisas apareciam nas pinturas religiosas, nunca como o tema principal.

Na década de 1520, um artista alemão chamado Albrecht Altdorfer foi o primeiro a pintar uma paisagem. As naturezas-mortas apareceram pela primeira vez nos Países Baixos na década de 1650.

Aos domingos, quando as pessoas iam à missa podiam vislumbrar as lindas figuras de Maria, do bebê e do patrono que tinha pagado pela pintura. Era um belo presente para a igreja que ainda ostentava a riqueza e a importância dos patronos.

Certa vez, Verrocchio recebeu a seguinte encomenda: pintar o batismo de Jesus. No quadro, Jesus está de pé em um riacho pedregoso. São João derrama água em sua cabeça. À esquerda, estão dois anjos. O próprio Verrocchio pintou quase tudo, exceto um dos anjos – que olha para Jesus de modo a mostrar que compreende a importância daquilo que vê. Seu rosto é doce e sábio. Leonardo pintou esse anjo, e ele é tão cheio de vida que todo o resto da pintura parece desprovido de humanidade. Verrocchio percebeu que Leonardo era um gênio. Tinha talento como nenhum outro que ele jamais conhecera. Aliás, Verrocchio compreendeu que Leonardo o superava. Conta-se que, ao ver o anjo de Leonardo, Verrochio nunca mais pegou num pincel. Ele continuou a esculpir estátuas e peças de ouro, porém nunca mais pintou.

Capítulo 3

O mundo maior

Leonardo ficou no estúdio de Verrocchio durante treze anos. Tornou-se mestre e membro da guilda, mas não abriu o próprio negócio. Talvez sentisse que o estúdio de Verrocchio era seu lar, um lugar ao qual ele pertencia e onde era querido. Verrocchio tratava os alunos muito bem e, ao que tudo indica, Leonardo e ele tornaram-se muito amigos.

Florença era um lugar excitante para se viver. Cheia de novas ideias, estava repleta de livros, o que era algo inusitado já que até meados do século XV não existiam os livros impressos. Eram todos copiados à mão e, muitas vezes, ilustrados com lindas gravuras. Verdadeiras obras de arte e, como toda obra de arte da época, demoravam muito para ficarem prontos. Então, por volta de 1450, na Alemanha, um homem chamado Johannes Gutenberg teve uma ideia: se houvesse um sistema de impressão cujas letras fossem feitas de aço e pudessem mudar de lugar para criar palavras diferentes, uma página de texto poderia ser impressa muitas vezes – como um carimbo! Naquela época, a *Bíblia* era considerada o livro mais importante; por isso, foi o primeiro a ser impresso.

Rapidamente, porém, outros livros também foram impressos. Livros sobre matemática. Livros de mapas. Livros de grandes pensadores do passado, como Platão e Aristóteles. Com mais livros disponíveis, mais pessoas começaram a aprender a ler.

Quando criança, Leonardo aprendeu a ler e a escrever. Também conhecia matemática elementar. Mas isso não era o bastante para ele. Sabia que não poderia frequentar a universidade, mas isso não o impedia de aprender por si próprio. Sobre tudo o que lhe interessava. Começou, então, a comprar e colecionar livros. Hábito que manteve durante a vida inteira.

Os artistas precisavam da matemática para dar às suas pinturas tridimensionalidade, conhecida hoje em dia como efeito 3-D. Na Idade Média, as pinturas não eram realistas.

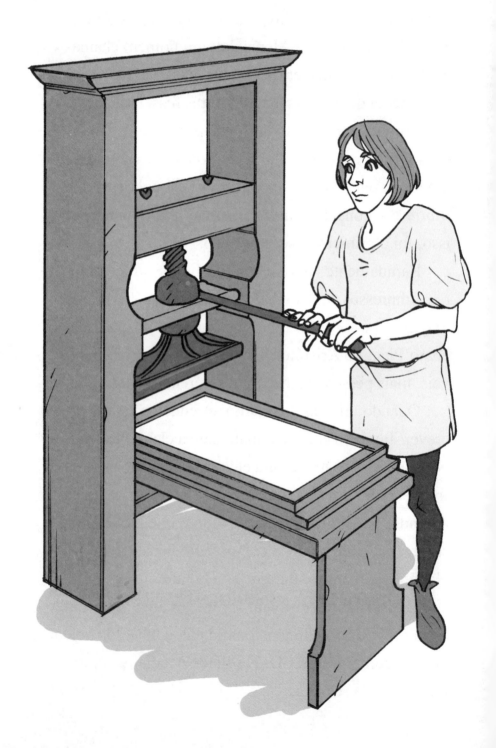

Os personagens pareciam planos, como as figuras de um baralho. As construções também pareciam planas, tornando linear, por exemplo, o cenário de uma peça. No século XV, porém, um artista chamado Filippo Brunelleschi imaginou um jeito de conferir profundidade às pinturas, ou seja, fazê-las parecer um espaço real. Para isso, as figuras mais próximas têm de ser muito maiores do que as que estão distantes. É a chamada pintura em perspectiva. Para conseguir esse efeito, o pintor precisava medir no painel de madeira os espaços corretos para desenhar as figuras.

Ou seja, precisava usar a matemática.

O Renascimento

Renascimento é o nome dado a um dos períodos mais excitantes da história da arte. É impossível estabelecer datas exatas, mas durou do início do século XV ao início do século XVII, e o centro do Renascimento foi a Itália. Nessa época surgiram novas ideias e formas de pensar. O propósito da vida já não era apenas morrer e ir para o céu. Havia grandes coisas que as pessoas podiam realizar aqui na Terra. O termo "homem do Renascimento" se refere a alguém que é bom em tudo, como Leonardo. Os artistas celebravam o corpo humano em pinturas que pareciam ser reais. Os sábios estudavam obras dos antigos pensadores gregos e romanos que tinham estado perdidas durante séculos. Exploradores iam a lugares desconhecidos do mundo. Novos continentes eram descobertos, e alguns importantes segredos do Universo estavam sendo desvendados. De muitas maneiras, o Renascimento foi o começo dos tempos modernos.

 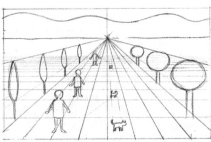

Leonardo era um grande pintor porque seguia as regras... e criava novas regras. Suas pinceladas faziam mágica. Borrava as colinas e os vales ao fundo de suas pinturas. Só um pouquinho. Parecia que eles se misturavam ao céu. É exatamente assim que nossos olhos percebem as montanhas distantes. Elas não têm detalhes ou contornos perceptíveis.

Em 1478, quando Leonardo tinha cerca de 26 anos, pintou um quadro completamente sozinho. É a cena da Anunciação. *A Anunciação* retrata o anjo que aparece para Maria e diz que ela terá um filho chamado Jesus. Na pintura, Maria usa roupas que uma mulher da época de Leonardo usaria. Ela está sentada em um jardim cercado por um muro. A paisagem ao fundo se assemelha às colinas de Vinci. A pintura é cheia de paz e dramaticidade.

A Anunciação é uma das 13 pinturas que os especialistas têm certeza de que foram pintadas por Leonardo; três dessas 13 não estão terminadas. Por que ele pintava tão pouco? Não foi porque morreu jovem. Leonardo viveu mais de 60 anos, não era preguiçoso e adorava trabalhar. Para *A Anunciação*, fez dúzias de esboços. Cada cacho de cabelo tinha de estar no lugar certo, assim como cada tufo de grama.

Talvez Leonardo tenha concluído outras pinturas que, quem sabe, estão perdidas por aí e poderão, um dia, serem descobertas numa igrejinha ou num castelo. Isso seria um grande presente para a humanidade.

Mas o fato é que Leonardo tinha problemas para se concentrar em um único projeto. Quando recebia uma encomenda, os primeiros passos eram os que mais lhe interessavam. Gostava de imaginar como agrupar as figuras no painel. Essa parte era um desafio – como montar um quebra-cabeça. O restante do processo, como escolha das cores, pintura e finalização, não o entusiasmavam tanto. Assim, frequentemente, deixava o trabalho inacabado. Além disso, muitos patronos eram exigentes e "mandões", e Leonardo não gostava que lhe dissessem o que fazer. Afinal de contas, era um gênio!

Por volta de 1478, Florença não era mais a cidade agradável e pacífica que tinha sido. Os Médici e outra família poderosa estavam em guerra e havia planos para assassinar os governantes Médici. Não era seguro andar pelas ruas da cidade.

Aos 30 anos, Leonardo resolveu que era hora de sair dali. Deixou Florença e foi para Milão, ao norte, outra cidade-estado. Lá, pretendia trabalhar para o governante de Milão, um duque ardiloso chamado Ludovico Sforza.

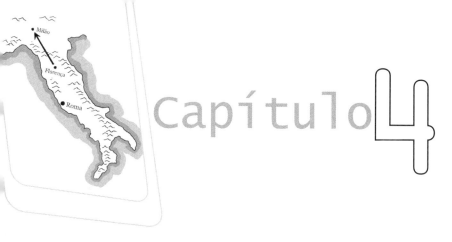

Capítulo 4

Em Milão

Milão tinha uma universidade famosa, porém não era um centro artístico como Florença, embora Ludovico Sforza se interessasse muito pelas artes. O duque gostava de dar grandes festas, de promover exibições extravagantes. Também queria alguém que projetasse novas armas para ele. (As cidades-estado estavam sempre em guerra umas com as outras.)

Tudo isso interessava a Leonardo, que escreveu uma carta a Ludovico. Nela, listou todas as coisas em que era bom. Algumas partes eram pura bravata. Dizia que podia projetar edifícios e pontes, navios de guerra e enormes canhões. Ninguém sabe se realmente mandou a carta. Conta-se também outra história sobre um presente que ele teria dado ao duque. Ludovico adorava música, e Leonardo também. O gênio, então, fez ao duque um instrumento como um violino, com cordas e um arco. Era de prata e em forma de um crânio de cavalo, e tinha de ser tocado de cabeça para baixo. Se isso é verdade ou não, uma coisa é certa: o duque acabou contratando Leonardo.

E lá se foi Leonardo para Milão. O que quer que o duque quisesse, Leonardo haveria de criar e trabalhou para Ludovico Sforza por muitos anos, até que o duque foi deposto.

Quando o sobrinho do duque se casou, houve uma enorme festa, e Leonardo era responsável pela decoração do banquete. Então, construiu cenários incríveis para uma peça que seria encenada durante a festança chamada *A festa do paraíso*. Que espetáculo deve ter sido! Uma montanha se dividia em duas; dentro dela havia um belo modelo do céu. Atores fantasiados representavam os diferentes planetas. Os 12 signos do zodíaco eram iluminados com tochas e tudo girava.

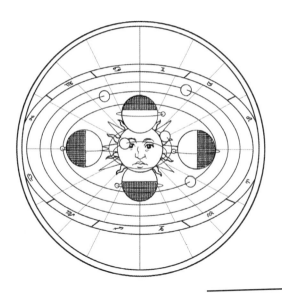

O Universo

No século II d.C., viveu um famoso astrônomo grego chamado Ptolomeu. Ele acreditava que a Terra era o centro do Universo. Os outros planetas e o Sol giravam ao redor da Terra. As pessoas aceitaram essa crença até a metade do século XVI, quando um astrônomo polonês chamado Nicolau Copérnico disse que a Terra *não* era o centro do Universo. O Sol não girava ao seu redor. Em vez disso, a Terra – e todos os outros planetas – giravam ao redor do Sol. Ele estava certo. Mas muitos anos se passaram até que esse fato fosse aceito.

Algumas das obras de Leonardo eram de ordem bem prática. Descobriu, por exemplo, um jeito melhor de aquecer a água para o banho do duque e construiu uma série de canais. Outro projeto o fez trabalhar durante anos, mas não foi concluído. Até o final da vida Leonardo sonhava com ele.

O duque queria uma estátua gigantesca de um cavalo. A estátua era em honra da memória do seu pai, mas ele não queria que fosse apenas grande – tinha de ser enorme. A maior já feita. Durante anos, Leonardo fez esboços de como seria essa estátua, estudou os cavalos nos estábulos do duque e chegou a examinar os músculos e os ossos de animais mortos. Queria conhecer os cavalos por dentro e por fora.

O cavalo de Leonardo deveria ser três vezes maior do que um cavalo de verdade. A perna dianteira direita estaria erguida. Seria feito de bronze, sendo necessárias 80 toneladas de metal para esculpi-lo.

Após dez anos trabalhando no projeto, Leonardo terminou um modelo em argila, em tamanho real, do cavalo, que ficava no pátio do castelo do duque. Tinha oito metros de altura. Todas as pessoas de Milão iam ver como a estátua seria quando estivesse pronta. E todos concordavam: nunca haviam visto nada parecido. Mas Leonardo ainda tinha muito trabalho pela frente. Fez moldes de argila das diferentes partes da estátua. Depois disso, o bronze derretido seria derramado nos moldes. Era um processo cheio de detalhes. Se o metal não fosse vertido rápido o bastante, racharia ao endurecer. Mas Leonardo já tinha inventado um método para evitar as rachaduras.

O duque conseguiu todo o metal de que Leonardo precisaria. Parecia mesmo que a fabulosa estátua de bronze seria terminada. Mas Leonardo nunca pôde usar o metal para completar seu cavalo.

Por volta de 1494, o duque temia que soldados franceses o atacassem. E para onde foi todo o bronze que seria usado para a estátua? O duque fez canhões. Mesmo assim, os canhões não detiveram os franceses, que conquistaram Milão em 1499.

O que aconteceu com o cavalo gigante de argila? Foi usado como alvo pelos franceses, que atiraram flechas até ele ficar completamente destruído. Após tantos anos de trabalho, o sonho de Leonardo virou, literalmente, poeira.

A culpa, claro, não foi dele. Mas outro trabalho importante para o duque também teve um final infeliz. Dessa vez, porém, Leonardo teve parte da culpa.

Perto do castelo, havia um mosteiro, um lugar onde os monges moravam, rezavam e estudavam. O du-

Parecia mesmo que a fabulosa estátua de bronze seria terminada

que planejava ser enterrado lá e queria que Leonardo fizesse uma pintura em uma das paredes do refeitório. Esse tipo de pintura é chamada de afresco. O afresco é muito difícil de ser executado. A tinta à base de água é colocada diretamente sobre gesso fresco, que ainda não secou. (A palavra italiana para esse tipo de pintura, *fresco,* quer dizer "afresco".) O artista tem de trabalhar rapidamente e, uma vez que a tinta é aplicada, o pintor não pode fazer mudanças.

O refeitório do mosteiro era muito grande. Cinquenta monges podiam fazer suas refeições ali. Leonardo escolheu uma cena do final da vida de Jesus, em que o filho de Deus e seus 12 apóstolos são mostrados em uma mesa de jantar. Foi uma boa escolha para uma pintura de refeitório – um momento dramático da história de Jesus, quando ele diz aos seus seguidores que um deles irá traí-lo.

Leonardo fez muitos desenhos de como as 13 figuras poderiam se sentar à mesa. Para representar suas fisionomias, andou pelas ruas de Milão à procura de rostos que pudesse retratar em seu afresco.

Pintado na parede, o afresco pareceria parte do refeitório. Seria quase como se Jesus e os apóstolos estivessem almoçando ou jantando no mesmo lugar em que os monges. Até a mesa e os pratos da pintura eram iguais aos que os monges usavam.

Esse afresco se chama *A última ceia* e é uma das obras de arte mais famosas do mundo. Pessoas importantes de Milão iam até o mosteiro para ver Leonardo pintando. Ele não ligava. Na verdade, gostava de ouvir opiniões sobre a pintura.

Um garoto de 17 anos costumava visitar o refeitório diariamente. Quando cresceu, tornou-se escritor e deixou relatos de *A última ceia*. De acordo com eles, Leonardo ia muito cedo ao refeitório. Pintava o dia todo, do nascer ao pôr do sol. Não parava nem mesmo para comer ou beber. Então, em outros dias, sentava-se na frente da parede e criticava a si mesmo. "A pintura não estava boa o bastante." Às vezes, Leonardo vinha direto do seu outro trabalho, o da estátua do cavalo, dava uma ou duas pinceladas na parede e ia embora.

Em *A última ceia*, Jesus está no centro, com seis homens de cada lado. Parece muito calmo, porém triste. Os seguidores reagem com horror à notícia dada por ele. Cada lado parece se afastar do filho de Deus, como uma onda de choque. Um dos homens, porém, está separado do grupo, inclinado para a frente, com os braços sobre a mesa. Seu nome é Judas. É ele quem trairia Jesus.

Por volta de 1497, *A última ceia* estava concluída. Era muito real e dramática. Em toda a Itália, as pessoas falavam sobre a beleza e a emoção da pintura. Leonardo

ficou conhecido como o maior mestre daquela época. Cópias de *A última ceia* eram feitas por outros artistas, e gravuras eram reproduzidas, para que pessoas de toda a Europa pudessem comprar. Quinhentos anos depois, ainda é considerada um trabalho de gênio.

Então, por que não teve um final feliz? Por causa dos danos que sofreu. *A última ceia* começou a rachar e a descascar menos de cinquenta anos depois que Leonardo a terminou; e a culpa era dele.

Leonardo não gostava de fazer afrescos do jeito comum. Queria poder modificar a pintura quando quisesse. Então, experimentou algo novo. Cobriu a parede com verniz e então pintou com têmpera. Leonardo estava sempre fazendo experiências, mas essa foi mesmo um grande erro.

Hoje, grande parte do afresco descascou. Muitos rostos estão apenas pela metade. As cores desbotaram. Especialistas tentaram restaurar *A última ceia* fazendo pequenas reformas, mas mesmo assim a obra-prima ainda está muito danificada. Leonardo teve sorte: não viu o estrago em mais uma obra sua.

O duque foi um bom patrono para Leonardo durante muitos anos. Ele o mantinha muito ocupado, mas também o deixava fazer trabalhos para outras pessoas ricas de Milão.

Foi em Milão, em 1490, que Leonardo adotou um garoto pobre de dez anos de idade. O nome dele era Giacomo, mas Leonardo o chamava de Salai, uma gíria que queria dizer "canalha" ou "demônio". E o menino era realmente um canalha. Mentia, quebrava coisas e roubava dinheiro de Leonardo e dos amigos do artista. Nos seus cadernos, Leonardo escreveu que Salai comia tanto quanto dois meninos e causava problemas por quatro.

Mesmo assim, Leonardo gostava muito de Salai, a ponto de mimá-lo com presentes. Não importava quão mal ele se comportasse, Leonardo nunca o expulsou de sua casa. Salai continuou com ele pelo resto da vida de Leonardo. Para onde quer que Leonardo viajasse, o garoto também ia. Provavelmente executava tarefas para Leonardo, mas era muito mais importante para o artista do que um empregado. Leonardo não tinha muitos amigos. Gostava de ficar sozinho, livre para pensar. Não teve família, talvez Salai tivesse sido a única pessoa que Leonardo pudesse dizer que era "quase" da família.

Capítulo 5

Perambulando

Em 1499, quando os franceses atacaram Milão, o duque foi deposto e fugiu da cidade. Capturado mais tarde, acabou morrendo em uma prisão na França.

Em dezembro daquele ano, Leonardo também deixou Milão. Salai e outro velho amigo foram com ele. Nos 16 anos seguintes Leonardo não teve um lar de verdade. Viajava de um lugar para outro e levava poucas coisas consigo. Guardava apenas o que lhe parecia mais importante, como seus cadernos cheios de desenhos e ideias, que tinha começado a escrever em Milão. Esse hábito durou mais de trinta anos; Leonardo planejava escrever uma enciclopédia sobre todas as coisas.

Como a estátua do cavalo, a enciclopédia foi outro grande projeto nunca concluído. Mesmo assim, esses cadernos ainda são um tesouro muito precioso. Os belos desenhos que ilustram as páginas representam tudo o que interessava a Leonardo e estão entre os mais lindos do mundo.

Havia, provavelmente, cerca de 13 mil páginas de cadernos. Mas, depois da morte de Leonardo, muitas delas foram destacadas e vendidas. Alguns cadernos foram cortados em diferentes partes; outros desapareceram. Alguns foram redescobertos centenas de anos depois. Hoje, há dez diferentes coleções de páginas dos cadernos do artista. Apenas metade das páginas – cerca de 6 mil – é conhecida. Estão espalhadas pelo mundo e há sempre a esperança de que um dia mais páginas desses cadernos sejam encontradas.

Bill Gates, o fundador da empresa Microsoft, comprou uma coleção delas cuja temática é a água. Chama--se *Codex Atlanticus*. Às vezes, elas são exibidas em museus. Há desenhos de ondas, de ondulações na água, de uma gota de água quando ela cai em uma poça. (Os olhos de Leonardo eram muito ágeis. Podiam ver o que as atuais câmeras de alta velocidade revelam.) As páginas do *Codex Atlanticus* mostram ainda diversas experiências que Leonardo fez com a água.

Leonardo tinha uma mania: escrevia ao contrário. Isso é chamado de escrita de espelho. Para ler seus cadernos, é preciso colocar o texto na frente de um espelho. Mas por que ele escrevia desse jeito? Ninguém sabe. Leonardo era canhoto. Então, talvez escrever desse modo fosse mais fácil para ele. Ou, quem sabe, queria dificultar o acesso de outra pessoa às páginas, com medo de que roubassem suas ideias. Ou então quisesse simplesmente mantê-las em segredo.

O interesse de Leonardo pela água vinha desde a infância, por causa das tempestades que ele presenciou. Mas a água era apenas um dos temas que queria abordar na sua enciclopédia.

Queria, por exemplo, compreender e explicar a luz – do que é feita? Queria entender como a visão funciona, por que os pássaros conseguem voar e quais eram as particularidades das diferentes partes do corpo humano. Fez uma lista de cerca de vinte grandes assuntos.

Em apenas uma página de seus cadernos podia haver desenhos de asas de pássaros misturados a pensamentos sobre música, ideias para novas armas ou esboços para construção de barragens. Leonardo nunca se dedicava a um único assunto. Movia-se pelos diversos temas. Por isso, esses cadernos estão tão cheios de lindos desenhos e de anotações. Era como se tudo o que imaginasse fosse colocado naquelas páginas, revelando a mente de um verdadeiro gênio.

Leonardo se interessava por todos os tipos de máquinas e por suas peças. Parafusos, dobradiças, ganchos e molas. Pode parecer estranho pensar que o desenho de uma dobradiça de porta possa ser lindo. Mas, quando era Leonardo que o desenhava, ele era.

O gênio queria ainda inventar veículos que pudessem ser usados na terra, no mar e até debaixo da água. Em seu projeto de bicicleta, Leonardo usa correntes, exatamente como as que existem nas de hoje. Projetou um paraquedas e algo parecido com um submarino. Outro desenho mostra uma máquina de voar com uma hélice, que deveria girar como a de um helicóptero.

Leonardo tinha certeza de que um dia as pessoas iriam voar. "Está ao alcance do poder humano construir uma máquina assim", dizia. Conta-se que ele ia ao mercado e comprava pássaros engaiolados. Daí, os trazia para casa e os libertava. Como eles batiam as asas? O que lhes permitia voar? Por que conseguem aterrissar sem quebrar as pernas? Leonardo queria muito descobrir as respostas.

Obcecado, fez diversos desenhos de asas de pássaros e de como as penas cresciam nelas. Estudou os morcegos e fez também inúmeros desenhos de suas asas. Tentou até construir asas que funcionariam por meio de polias, manivelas, rodas e amortecedores para as pessoas. Um dos desenhos mostra uma asa com um par de pedais traseiros e uma manivela manual, capazes de fazer as asas se moverem. Ao colocar a outra asa, a pessoa teria de batê-las usando força muscular. Os "ossos" das asas seriam feitos de madeira, os "músculos" de couro e a "pele" de pano.

Será que Leonardo realmente construiu asas? Será que as testou? Ninguém tem certeza disso. Nos cadernos, ele menciona que testou asas em uma colina perto de Florença. Se foi assim, ele pode ter pulado do alto de um morro e planado um pouco no ar. Mas com certeza não voou. As asas não teriam funcionado por mais de uma razão: primeiro, eram pesadas, segundo, é preciso muita força para erguer um objeto tão pesado do chão e mantê-lo no ar. A força humana não é suficiente, e no tempo de Leonardo os motores de alta potência ainda não tinham sido inventados.

É claro que Leonardo estava no caminho certo. As pessoas realmente aprenderiam a construir máquinas para voar. Mas isso não aconteceu antes de outubro de 1906. Foi quando o brasileiro Alberto Santos Dumont voou pela primeira vez com um aparelho mais pesado que o ar, o 14-Bis. Isso aconteceu quase quatrocentos anos depois da morte de Leonardo – um homem, sem dúvida, muito à frente de seu tempo.

Durante uma época, Leonardo trabalhou para outro duque na Itália, chamado César Borgia. O nobre tinha fome de poder e sede de sangue, e Leonardo projetou diversas armas para que os soldados do duque usassem em batalha. O artista não acreditava na guerra e se referia a ela como uma doença, mas Leonardo gostava de projetar máquinas de guerra mais novas e melhores.

Algumas dessas armas se parecem com aquelas que se vê nos filmes de hoje. Criou, por exemplo, uma balestra – tipo de arco usado para disparar flechas – gigante capaz de atirar diversas flechas de uma só vez. Era tão grande que exigia vários soldados para operá-la. Outra inovação armamentista de Leonardo lançava grandes lâminas e podia ser acoplada a um cavalo. Com isso, o cavaleiro atacava os inimigos antes que eles conseguissem se aproximar dele.

Leonardo também pensava no corpo humano como uma máquina: a mais perfeita que havia. Queria compreendê-la da mesma forma como entendera os cavalos: por fora e por dentro. Queria aprender como todas as diferentes partes do corpo funcionam em conjunto, e a melhor forma de fazer isso era dissecando um cadáver. Abri-lo para remover camada a camada, a fim de entender como o corpo é formado.

É assim que os alunos de medicina estudam atualmente o corpo humano e é assim que alguns médicos descobrem a causa da morte de uma pessoa. Mas no tempo de Leonardo era muito diferente. Os estudantes de medicina raramente faziam dissecações. Em vez disso, aprendiam com os livros. Abrir um cadáver era considerado algo horrível, abominável.

Leonardo, porém, estava determinado a conhecer o corpo humano por dentro. Por isso, quando morava em Milão, dissecou alguns cadáveres. Como não era médico nem estudante de medicina, o que fez foi ilegal; mas ele não parou por aí. De volta a Florença, continuou a dissecar cadáveres. Acredita-se que tenha dissecado cerca de trinta corpos. Tudo o que descobria, anotava em seus cadernos. Os desenhos que fez do corpo humano são impressionantes.

Em Florença, Leonardo tinha uma espécie de estúdio em um hospital. Trabalhava à noite e sozinho. O trabalho era realmente desagradável. Odiava fazer aquilo, mas tinha de fazê-lo.

Os desenhos só foram descobertos muito tempo depois da morte de Leonardo. Nunca ninguém tinha visto nada como aquilo. Os desenhos de um pé, por exemplo, mostram três lados, movendo-se em direções diferentes. Desenhou ainda cortes transversais.

Um pé sem pele em algumas partes, por exemplo, mostrava os músculos, que se pareciam com molas ou cordas. Com isso, era fácil mostrar como o músculo puxava um membro. Para mostrar os ossos, removia alguns músculos, e assim ia apresentando o corpo humano em partes. Esses desenhos dispensam palavras pois mostram tudo exatamente como é.

Se o corpo era uma máquina, então deveria ser possível construir um homem mecânico. Em 1495, Leonardo projetou o primeiro robô. Há evidências de que ele também o construiu. O robô era um cavaleiro de armadura de tamanho real que se sentava, mexia a cabeça e balançava os braços. Mais uma vez, Leonardo estava centenas de anos à frente de seu tempo.

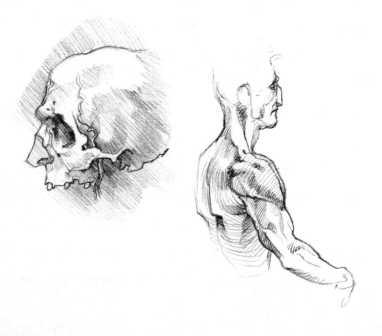

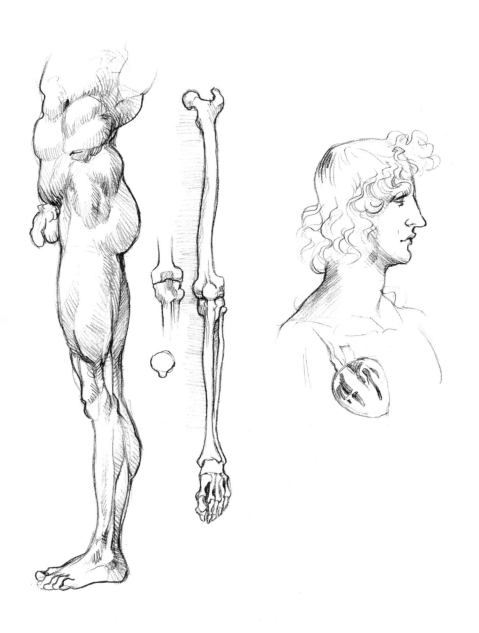

Capítulo 6

A batalha dos artistas

Leonardo foi um dos maiores artistas do Renascimento. Mas não estava só. O Renascimento italiano é o berço de muitos artistas talentosos. Além de Leonardo, outros dois grandes nomes são Rafael e Michelangelo.

Rafael era um grande admirador da obra de Leonardo. Michelangelo não. Ele não gostava de Leonardo, e Leonardo não gostava dele. Difícil imaginar dois homens mais diferentes do que eles. Michelangelo vinha de uma família abastada, mas não tomava banho nem trocava de roupas com frequência. Dormia no chão de seu estúdio. Tinha baixa estatura, uma deformação nas costas e mau temperamento. Leonardo era bonito, bem vestido, muito asseado e charmoso.

Vinte e sete anos mais jovem do que Leonardo, Michelangelo ficara famoso por causa da sua enorme estátua de *Davi*. Leonardo não achava que a estátua fosse assim tão boa. Pelo menos era o que ele dizia.

Michelangelo, por sua vez, fazia piada de Leonardo em público por nunca ter concluído sua grande estátua. "Você fez um modelo de cavalo que nunca conseguiu esculpir em bronze. E por isso desistiu. E o povo estúpido de Milão ainda acreditava em você!"

Quando os dois foram contratados para fazer uma pintura na parede do edifício do governo de Florença, houve uma competição feroz. As pinturas deveriam retratar diferentes cenas de batalhas famosas que Florença havia vencido.

Os artistas deveriam pintar afrescos. O último afresco de Leonardo tinha sido *A última ceia*, no refeitório do mosteiro. Este novo afresco porém, deveria medir vinte metros de comprimento por oito metros de altura. A sala era gigantesca! Leonardo começou fazendo muitos esboços pois queria criar uma cena cheia de ação, com cavalos empinando e soldados lutando. O horror da guerra também apareceria: os mortos, os feridos gritando em agonia, em meio a poeira, sujeira e sangue.

Rafael

Rafael Sanzio nasceu em Urbino, na Itália, em 6 de abril de 1483. Aprendeu a desenhar com o pai, que era artista. Quando tinha 21 anos, foi a Florença, onde estudou as obras de Leonardo e Michelangelo. Rafael foi o pintor mais popular de sua época. Seus belos quadros de Maria com o menino Jesus têm uma doçura e harmonia especiais. As cores são fortes e puras, nunca berrantes. Todos os elementos de um quadro de Rafael parecem estar exatamente onde deveriam estar.

Mais tarde, trabalhou para o mesmo papa que Michelangelo e pintou dois afrescos gigantescos. Um deles se chama *A escola de Atenas,* que retrata os grandes pensadores da antiga Grécia, com Platão e Aristóteles no centro. Rafael morreu muito jovem, aos 37 anos.

Michelangelo

Michelangelo Buonarroti nasceu em Caprese, na Itália, em 1475. Teve uma carreira longa e bem-sucedida, mas não considerava a pintura seu verdadeiro dom. Via-se primeiro como escultor e adorava trabalhar com o lindo mármore italiano. Além de sua famosa estátua, *Davi,* em Florença, outra de suas grandes obras é uma escultura de Maria segurando o corpo de Jesus. Chama-se *Pietá* e foi terminada quando Michelangelo tinha somente 23 anos. Apesar de a *Pietá* transmitir uma triste delicadeza, Michelangelo é conhecido principalmente por criar figuras fortes e musculosas. Apesar de exímio escultor, ficou mais conhecido por pintar o teto da Capela Sistina. Levou quatro anos para fazer isso, trabalhando em um andaime, vinte metros acima do chão. O afresco conta as histórias do Velho Testamento, começando com a criação do mundo.

Depois que Leonardo decidiu o que pintaria, fez um desenho em papel – um esboço – que foi transferido para a parede. Então, montou um andaime com uma plataforma móvel, permitindo que trabalhasse confortavelmente.

O problema é que Leonardo ainda não queria fazer o afresco do jeito usual. Mais uma vez, tentou um novo experimento. Descobriu uma forma de usar tintas a óleo que secavam rapidamente aquecidas com brasa de carvão. Tinha testado o método na parede de seu estúdio e havia funcionado. Mas o teste tinha sido feito em uma área pequena. Leonardo iria trabalhar agora num espaço muito maior – e o método não funcionou. Se a brasa se aproximava muito da tinta, ela derretia. Se ficava muito distante, o calor não era suficiente para secá-la. Com isso, a parte de cima da sua cena de batalha ficou preta por causa da fumaça e outras partes escorreram. Após três anos de trabalho duro, Leonardo acabou ficando com nada além de uma enorme bagunça.

Leonardo tentou um experimento para secar a tinta, mas o método não funcionou.

Quanto a Michelangelo, também não terminou sua pintura. Talvez isso tenha servido de consolo para Leonardo. Em 1504, Michelangelo foi chamado em Roma pelo papa para começar outros trabalhos. Um deles era pintar o teto de uma capela. Nós a conhecemos como Capela Sistina.

Quadrinhos dos anos 1500

Os quadrinhos modernos, também chamados de *cartoons*, são tiras humorísticas que aparecem em jornais e revistas, diferentes dos *cartoons* renascentistas – desenhos como uma espécie de molde para um afresco. O artista desenhava tudo no tamanho que teria na parede. O desenho era afixado na parede e, então, faziam-se pequenos buracos ao longo das linhas do desenho. Depois disso, o artista passava carvão sobre as linhas perfuradas. Quando o desenho era retirado da parede, ficava o contorno de carvão. Aí a parede estava pronta para ganhar as cores. Os *cartoons* de Leonardo que ainda existem são obras de arte por si sós. Os da mal sucedida cena de batalha foram mantidos pelo governo de Florença, que se julgava dono dos desenhos, já que Leonardo tinha arruinado a pintura. Hoje, estão em um museu.

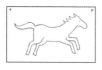   

1 – O desenho é colocado na parede.
2 – São feitos furos ao longo das linhas.
3 – Passa-se carvão sobre as linhas
4 – O desenho é retirado, deixando o contorno.

capítulo 7

As mulheres de Leonardo

Nem tudo na carreira de Leonardo foi um fracasso. Vez por outra ele terminava uma obra. Apenas dez pinturas acabadas por ele são conhecidas. Um número pequeno, mas cada uma delas é um tesouro.

Diz a história que, em 1505, um rico mercador de seda queria um retrato de sua esposa e pediu a Leonardo que o pintasse. O artista tinha confessado a alguns amigos que havia "se cansado do pincel". Com isso, queria dizer que a pintura não lhe proporcionava mais tantas alegrias. Mas talvez precisasse do dinheiro. Ou, então, o rosto da mulher o tivesse interessado, especialmente seu sorriso. Qualquer que seja a razão, o fato é que ele aceitou a encomenda e terminou o quadro, apesar de ter trabalhado nela durante muitos anos.

Ninguém sabia ao certo qual era o nome da mulher. Alguns dizem que o primeiro nome era Lisa, quem sabe seu nome completo fosse Lisa del Giocondo. Em português, a pintura é chamada de *Mona Lisa*.

No retrato, apenas a parte de cima do corpo de Mona Lisa é mostrada. Atrás dela há uma paisagem. Uma estrada sinuosa leva a montanhas assustadoras que desaparecem na névoa.

O vestido negro é muito simples, e ela não usa nenhuma joia; apenas um fino véu negro cobre o longo cabelo ondulado. Naquela época, as viúvas usavam preto. Então, talvez Mona Lisa não fosse a esposa do tal mercador de seda. Quem sabe fosse apenas uma mulher qualquer, de luto pela morte do marido. Esse é um dos mistérios que envolvem a pintura.

As mãos de Mona Lisa estão cruzadas e descansam uma sobre a outra. São graciosas, com dedos longos e a pele parece macia. À primeira vista, são tão reais que não parecem apenas pinceladas de tinta sobre uma superfície plana.

No entanto, é a expressão do rosto que mais atrai as pessoas. Os lábios se juntam em um calmo meio-sorriso, e o olhar parece guardar um segredo. São olhos cheios de mistério, que parecem se dirigir para algo que apenas ela pode ver.

A *Mona Lisa* é, provavelmente, a pintura mais famosa do mundo. Por quê? Ninguém sabe responder a essa pergunta. Mas Leonardo também adorava esta pintura. Quando a terminou, resolveu guardá-la. Na verdade, levou-a por onde quer que fosse até o fim de sua vida.

Muitas pessoas consideram outro retrato de mulher feito por Leonardo ainda mais belo do que a *Mona Lisa*. Chama-se *Dama com arminho*. Arminho é um tipo de doninha, mamífero carnívoro de corpo longo e esguio. No inverno, o pelo desse animal fica branco – exatamente como na pintura. Naquela época, os pelos de arminho também eram usados para fazer pincéis. Então, é possível que Leonardo tenha pintado o arminho com um pincel de arminho!

Por que o arminho está no quadro? Pode ser um jogo de palavras. O nome da jovem era Cecília Gallerani. *Gale* em grego quer dizer "arminho".

Como em *Mona Lisa,* apenas a parte superior do corpo da jovem Cecília aparece na pintura. Não há paisagem atrás dela, apenas um fundo escuro. Nem ela nem o animal olham diretamente para o observador. Com o rosto virado, ela olha para o lado. Para quem ou o quê? Ninguém sabe. As roupas, porém, são mais suntuosas do que as de *Mona Lisa*. Um grande colar de contas está enrolado no pescoço; o vestido é parte azul, parte vermelho, com tecido dourado, que parece veludo, e detalhes em preto.

Mona Lisa parece estar sonhando. A jovem com arminho dá a impressão de ser ágil e esperta. Percebe--se isso em seus olhos alertas e no conjunto da boca e queixo. Uma mão segura o arminho próximo ao ombro. O animal também parece alerta e esperto. A mão da moça é linda, pintada com perfeição, os finos dedos estão tensos. Os dedos da Mona Lisa são rechonchudos e relaxados. Por meio das poses e dos rostos, Leonardo apreende a alma de duas mulheres muito diferentes.

A *Dama com arminho* não é um quadro tão famoso como a *Mona Lisa* e está em um museu em Cracóvia, na Polônia; a *Mona Lisa* está no Louvre, um famoso museu em Paris, onde multidões vão todos os dias para vê-la. Qual pintura é mais bela? Se você tiver a chance de contemplar os dois quadros, poderá ter sua opinião!

Outro retrato que Leonardo fez de uma jovem mulher está na Galeria Nacional de Arte de Washington, nos Estados Unidos. É a única pintura do artista que está nos Estados Unidos. O nome da moça era Ginevra de Benci. O quadro é menor que a *Mona Lisa* ou a *Dama com arminho*. A parte de baixo do quadro foi cortada. Por isso, a pintura mostra apenas a cabeça e o colo de Ginevra. A pele da jovem é quase tão branca quanto um fantasma. Os olhos parecem tristes, e é muito difícil "ler" sua expressão. Esse é um dos motivos que levam as pessoas a ficar olhando o quadro. O *Retrato de Ginevra de Benci* é assombroso.

Capítulo 8

Perdas

Em 1504, morre o pai de Leonardo, *Ser* Piero. Tinha 77 anos de idade. Não deixou testamento, e Leonardo acabou não recebendo nada.

Em 1507, o tio de Leonardo, Francesco, morre. Francesco era o único parente do artista que havia demonstrado algum afeto por ele e deixou-lhe uma herança. Tudo o que era seu era, agora, de Leonardo. Francisco queria que o sobrinho ficasse com todas as suas terras e dinheiro. Mas os meio-irmãos e irmãs de Leonardo ficaram furiosos e decidiram resolver a questão no tribunal. No fim, Leonardo teve direito a *usar* o dinheiro e as terras de Francesco. Depois que morresse, tudo seria dividido entre os parentes.

Naquela época, Leonardo estava com quase 60 anos e já um pouco doente. Não tinha casa, nem muito o que mostrar depois de tantos anos de trabalho. Mas, na hora em que mais precisou de um patrono, este apareceu. Ele admirava a genialidade de Leonardo e lhe deu uma bela casa com jardim. Permitiu que o artista se mudasse para lá com Salai e outro grande amigo, Francesco Melzi. Tudo o que o patrono pedia era a companhia de Leonardo.

Acontece que esse homem também era rei.

O rei Francisco I da França tinha uma propriedade em Amboise no norte da França, onde ficava sua mansão e a linda casa de tijolos e pedra calcária para onde Leonardo levou sua coleção de livros, seus cadernos e três de suas pinturas. Uma delas era a *Mona Lisa.*

Um túnel ligava as duas casas. Todos os dias em que estava em Amboise, o rei visitava Leonardo para conversar. Escolhia um assunto e pedia a opinião do artista. Para o rei, era uma honra estar na presença de Leonardo.

E assim Leonardo terminou seus dias na França, falecendo no dia 2 de maio de 1519. Uma história diz que morreu nos braços do rei, outra que suas últimas palavras foram sobre sua estátua do cavalo. "Se tivesse conseguido terminá-la..."

Leonardo foi enterrado em uma capela, em Amboise.

Isto pode não ser
um final feliz,
mas também não é
um final triste.

Os cadernos

Leonardo deixou seus cadernos para o amigo Melzi, que tentou organizá-los. Todas as páginas sobre arte foram reunidas e publicadas na forma de um livro chamado *Tratado de Pintura*. Um tratado explica as ideias de uma pessoa a respeito de determinado assunto. Assim, esse livro expõe as de Leonardo sobre pintura. Por algum motivo, ele só foi publicado em 1651, mais de 130 anos depois da morte de Leonardo. O restante das páginas continuou desconhecido por muito mais tempo. As folhas que não foram roubadas ou perdidas só apareceram no século XIX. As mais recentes foram descobertas em 1965, em Madri, nos arquivos da Biblioteca Nacional.

Cronologia: A vida de Leonardo da Vinci

1452 Leonardo nasce em 15 de abril

1468 Torna-se aprendiz no estúdio de Verrocchio, em Florença

1473 Torna-se membro da guilda de pintores

1478 Pinta o quadro *A Anunciação*

1478 Pinta *Retrato de Ginevra de Benci*

1482 Leonardo se muda de Florença para ir trabalhar em Milão; nessa época, começa a escrever seus cadernos

1490 Trabalha na sua estátua equestre; monta *A festa no paraíso* para a festa de casamento do sobrinho do duque; Salai vai morar com Leonardo

1493 Pinta *Dama com arminho*

1495 Pode ter testado uma de suas máquinas de voar

1498 Aproximadamente nessa época, Leonardo concluiu *A última ceia,* nos arredores de Milão

1499 O exército francês ataca Milão e destrói o modelo da estátua equestre; Leonardo deixa Milão

1502 Leonardo trabalha para Cesare Borgia

1503 Volta para Florença; início aproximado da pintura de *Mona Lisa*

1516 Muda-se para a França como hóspede do rei

1519 Morre em 2 de maio

Cronologia:
O mundo de Leonardo Da Vinci

1450 Johannes Gutemberg cria a prensa com tipos móveis

1473 Nasce Nicolau Copérnico, astrônomo polonês

1475 Nasce Michelangelo Buonarroti

1488 Bartolomeu Dias, de Portugal, contorna o Cabo da Boa Esperança, no sul da África

1492 Cristóvão Colombo descobre o "Novo Mundo"

1494 Nasce Süleyman I, que depois se tornaria imperador do Império Otomano

1497-99 Vasco da Gama descobre o caminho das Índias

1500 Pedro Álvares Cabral chega ao Brasil

1504 Michelangelo esculpe Davi; Rafael vai a Florença estudar as obras de Leonardo e Michelangelo

1506 O arquiteto Donato Bramante é contratado pelo papa para reconstruir a igreja de São Pedro em Roma

1507 O amigo de Leonardo, Américo Vespúcio, publica o relato de sua viagem ao Novo Mundo; o Novo Mundo começa a ser chamado de América

1512 Michelangelo termina a pintura da Capela Sistina; nasce Gerardus Mercator, que irá produzir o primeiro mapa do mundo

1514 Nasce em Bruxelas, Andrea Vesalius, que publica o primeiro livro preciso sobre a anatomia humana

1519 Fernão de Magalhães começa a primeira viagem ao redor do mundo

1533 Nasce a rainha Elizabeth I, da Inglaterra

Bibliografia sugerida para esta edição

CAMANHO, Alexandre. *Leonardo Da Vinci, o menino que queria voar,* Escala educacional, 2008

COX, Michael. *Leonardo Da Vinci e seu supercerebro*, Coleção Mortos de Fama, Companhia das letras, 2004

HERBERT, Janis. *Leonardo Da Vinci para crianças*, Jorge Zahar, 2002

MASON, Antony. *Leonardo Da Vinci*, Coleção Artistas Famosos, Callis, 2000.

MOULIN, Nilson e MATUCK, Rubens. *Leonardo desde Vinci*, Cortez Editora, 2007

SCIESZKA, Jon. *Da Hora, Da Onda, Da Vinci*, Companhia das letras, 2006

VENEZIA, Mike. *Leonardo Da Vinci*, Coleção Mestres das Artes, Moderna Editora, 1996